LES AMAZONES,

OU

LA FONDATION DE THEBES,

OPÉRA EN TROIS ACTES,

REPRÉSENTÉ POUR LA PREMIÈRE FOIS
SUR LE THÉATRE DE L'ACADÉMIE IMPÉRIALE DE MUSIQUE,
LE 17 DÉCEMBRE 1811.

Ma quelle donne (le Muse) aiutino l'mio verso
Ch' aiutar Anfion a chiudar Tebe ;
Si che dal fatto il dir non sia diverso.
DANTE, *infer.*, canto XXXII, terzo 4.°

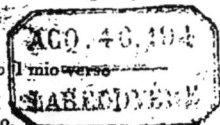

Prix, 2 francs.

A PARIS,

Chez ROULLET, Libraire de l'Académie Impériale
de Musique, rue des Poitevins, n° 7.

DE L'IMPRIMERIE DE P. DIDOT L'AÎNÉ.

M. DCCCXI.

Poëme de M. de Jouy.

Musique de M. Méhul.

Ballets de M. Milon.

Les décorations sur les dessins de M. Isabey.

AVANT-PROPOS.

Les temps fabuleux où se passe l'action de ce drame, la nature même de cet ouvrage, me dispense d'entrer dans l'examen des discussions critiques auxquelles l'histoire des Amazones a de tout tems donné lieu. Est-il certain qu'il ait jamais existé une nation guerrière uniquement composée de femmes ? que ces phalanges d'héroïnes descendues des monts Céroniens aient soumis la Crimée, la Circassie, l'Ibérie, et la Colchide ? qu'elles aient ravagé l'Ionie, pénétré dans l'Attique, et livré bataille à Thésée jusque dans les murs d'Athènes ? Strabon, Arrien et quelques modernes attaquent par le raisonnement des faits que Quinte-Curce, Plutarque et Diodore établissent sur des preuves. Gronovius, dans son *Trésor de l'antiquité grecque*, et l'abbé Guyon, dans son *Histoire des Amazones*, ne conçoivent pas qu'on puisse élever un doute raisonnable sur l'existence d'un peuple, prouvée non seulement par les témoignages les plus authentiques, mais par des traces matérielles, tels que le nom des lieux, les monumens de toute espèce, et les médailles, dont quelques unes sont venues jusqu'à nous. Quoi qu'il en soit de la vérité de l'histoire des Amazones, je crois devoir en rappeler ici quelques traits principaux, d'après lesquels on pourra du moins juger de la fidélité des tableaux, des mœurs et des caractères que j'ai essayé de reproduire sur la scène lyrique.

La monarchie des Amazones subsista près de trois cents ans ; elle dut son origine à une colonie de Scythes sortis de leur pays pour se soustraire au joug des Assyriens, vers l'an 1700 avant l'ère vulgaire. Les peuples du Pont-Euxin, parmi lesquels les Scythes s'étaient établis à main armée, se liguèrent contre eux, les surprirent, et les massacrèrent tous, à l'exception des femmes, qu'ils croyaient pouvoir traiter en esclaves : mais celles-ci, élevées dans leur pays aux mêmes exercices que les hommes, dont elles partageaient les travaux, et qu'elles accompagnaient quelquefois à la guerre, résolurent de venger la mort de leurs enfans, qu'elles ressentirent beaucoup plus vivement que celle de leurs époux. En conséquence, unies entre elles par serment, et profitant du sommeil des vainqueurs, dont elles égorgèrent les chefs, elles prirent la fuite et se réfugièrent aux environs du mont Caucase. Non contentes d'apprendre à leurs ennemis qu'ils entreprendraient en vain de les en chasser, elles ne tardèrent pas à porter la guerre sur leur territoire, et s'assurèrent la possession des pays qu'elles envahirent. Leurs premiers succès les enhardirent à méditer de plus vastes conquêtes ; mais avant de reculer les bornes de leur empire, elles voulurent en asseoir les bases sur des lois immuables, dont les plus importantes furent :

De vouer aux hommes une haine éternelle ; de renoncer pour jamais au mariage ; de se procurer des survivantes, en élevant dans leurs mœurs les

*enfans du sexe féminin qu'elles pourraient enlever
dans leurs courses ; d'exterminer tous les prisonniers
mâles ; de vivre du produit de leur arc ; enfin d'obéir
aveuglément à la reine que le choix ou la naissance
aurait placée sur le trône.*

Je sais que la plupart des historiens prétendent que
les Amazones, en renonçant au mariage, ne renon-
çaient pas au droit de se donner des héritieres de leur
propre sang ; mais, outre qu'il est peu vraisemblable
que les hommes de leur voisinage se prêtassent à des
liaisons passagères qui n'avaient d'autre objet que de
perpétuer la race de leurs cruelles ennemies, il l'est
encore moins que les Amazones, dont le nom était
l'emblême de la chasteté, qui rendaient à Diane un
culte si pur et si sévère, que l'on élevait dans la haine
des hommes ; il est encore moins vraisemblable, dis-je,
qu'elles abjurassent, à certains jours, toute pudeur et
toute prudence, dans l'espoir, souvent trompé, de
donner des filles à l'Etat. Quoi qu'il en fût, il est
du moins certain qu'elles s'associèrent, dans le cours de
leurs premières expéditions, une foule de femmes
qui, par caractère, par mécontentemens de leurs
parens, de leurs époux, ou par tout autre motif, se
rangèrent sous leurs enseignes.

Après avoir étendu leurs conquêtes jusque sur les
côtes de la mer Egée, où elles fondèrent plusieurs
villes, les Amazones séparèrent leur vaste empire en
trois royaumes, qui eurent chacun leur reine : l'une
d'elles régnait dans la Sarmatie ; l'autre aux environs
d'Ephese ; et la troisième, en qui résidait véritable-

ment l'autorité souveraine, avait sa cour à Thémiscire sur les bords du Thermodon.

L'Hercule thébain porta, le premier, atteinte à la gloire et à la puissance des Amazones, qu'il défit dans une expédition comptée au nombre de ses douze travaux. Résolues de tirer vengeance de l'affront qu'elles avaient reçu dans la personne de leur reine Hypolite, que Thésée, dans la guerre d'Hercule, avait emmenée prisonnière à Athènes, les Amazones, commandées par Orithyie, se débordèrent comme un torrent dans l'Attique, qu'elles ravagèrent, après avoir traversé la Thessalie. Thésée, à la tête d'une armée formidable, se présenta, leur livra bataille dans les murs d'Athènes, et remporta sur elles une victoire sanglante mais décisive. Honteuses et désespérées de leur défaite, les Amazones échappées à la bataille d'Athènes se retirèrent dans la Thrace, et y formèrent un établissement, d'où elles sortirent, à différentes époques, pour servir en qualité d'auxiliaires dans les armées des peuples ennemis des Grecs. Une expédition qu'elles entreprirent dans l'isle d'Achillée, vingt ans après la prise de Troie, paraît avoir amené la ruine entière de leur empire.

L'histoire ne fait pas une mention particulière de la prise de Thèbes par les Amazones (événement que j'ai fait entrer dans mon drame, et dont il amène le dénouement); mais puisque ces femmes guerrières pénétrèrent dans l'Attique par la Thessalie, et qu'elles ravagèrent la Béotie, on peut croire qu'elles n'épargnèrent pas la ville d'Amphion, qui se trouvait sur leur chemin. Leur séjour dans l'isle d'Eubée est plus certain encore, puisque du tems de Plutarque on voyait encore plusieurs de leurs tombeaux à Chalcis.

Les Amazones fondèrent la ville d'Ephèse, et bâtirent à Diane un temple « dont la dédicace, dit l'abbé Guyon, se fit au milieu des chants de joie et des divertissemens des Amazones, qui dansaient au son de la flûte (à sept tuyaux), et de certaine harmonie en cadence qui se faisait par le choc des lances et des boucliers.... Le bruit de cette espèce de bacchanale (poursuit le même historien) se fit entendre jusqu'à Sardes (à cinquante lieues environ) ». On voit que l'harmonie bruyante n'est pas une invention moderne.

Stace, dans le deuxième chant de son *Achilleïde*, et Turnebe, dans le vingt-sixième livre de ses *Commentaires*, parlent d'une danse particulière aux Amazones, que l'on nommait le *pecten*; d'après la description assez peu claire qu'ils en donnent, on voit néanmoins que cette danse était une espèce de *pyrrique* d'un genre très gracieux, puisqu'elle était en usage parmi les jeunes filles dans toutes les fêtes de la Grèce.

Les bas-reliefs et les médailles qui représentent des Amazones, offrent de grandes variétés dans la forme de leurs habillemens; tous cependant ont cela de commun qu'ils laissent le côté gauche à découvert, et sont retenus par une large ceinture. Il paraît qu'elles portaient à la guerre une espèce de corselet, dont la cotte-d'armes ne descendait pas au-dessous du genou. Leur coiffure était, pour la plupart d'entre elles, le casque garni de panaches : quelques unes portaient le bonnet phrygien, et d'autres leurs cheveux relevés au sommet de la tête. Leurs armes étaient la flèche, le javelot, la hache à deux tranchans, et un bouclier d'une forme particulière que l'on nommait *pelta*; pour instrumens de guerre, elles se servaient du cornet, de la trompette, et du sistre égyptien.

Il y a eu plusieurs reines des Amazones du nom d'Antiope. Isidore, dans son livre des *Origines*, est le seul mythologue qui ait pu m'autoriser à compter dans ce nombre Antiope, mère d'Amphion et de Zéthus. On pourrait trouver cette autorité insuffisante pour établir un fait historique ; mais quand il ne s'agit que de choisir entre des fables, il doit être permis, sur-tout à un auteur d'opéra, de prendre sans examen celle qui se lie le plus heureusement à son sujet.

PERSONNAGES DANSANTS.

ACTE PREMIER.

GUERRIERS THEBAINS.

OFFICIERS.

MM. Goyon, Branchu.

SOLDATS.

MM. Maze, Michel, Guillet, Rivière, Romain, Pupet, Paul, Galais.

OFFICIERS.

MM. Mézante, Ely.

Suriot, Godefroy, Petit, Verneuil, L'Enfant, Chatillon, Boudet, Pouillet.

ACTE SECOND.

AMAZONES.

OFFICIERS GENERAUX.

Mlles CLOTILDE, BIGOTINI.

TROMPETTES.

Mlles Plourdeau, Brocard, L. Lemière, Aubry.

CYMBALIERES.

Mlles CHEVIGNY,

Marelier cad., Fanny, Launer, Gosselin aînée.

AMAZONES ARMÉES DE HACHES.

Mlles FÉLICITÉ, EUGÉNIE,

Naderkor, Lachonque, Bretelle, Dupuis, Pequeux, Albedel, Toussaint, Simon, Védi, Josse.

AMAZONES ARMÉES D'ARCS.

Mlles VICTOIRE SAULNIER, GAILLET,

Adélaïde, Dejazet, Letellier, Saint-Léger, Lily, Jacoto, Pot-Devin, Julie, Proche, Coulon.

AMAZONES ARMÉES DE PIQUES.

Mlles SAULNIER, ATHALIE,

Césarine, Eulalie, Dupuis, Narcisse, Laurence,
Virginie, Delphine, Blanche, Lequine, Ferette.

Mlles MARELIER aînée,

Bertin, Bodson, Pensard, Clara, Suriot, Fligère,
Marianne, Pivet, Copère aînée, Barrette.

JEUNES AMAZONES ARMÉES D'ARCS.

Mlles RIVIÈRE, MARINETTE,

Gosselin 2e, Matras, Pierret aînée, Mangin,
Gosselin 3e, Angeline, Nanine, Aulier, Zélie,
Betzi.

SATYRES.

MM. RENON,
Aniel, Ballote, Foulon.

ORCADES.

Mlles Naderkor, Aldebeld, Coulon.

SILVAINS.

MM. GOYON,
Leblond, Beauglin.

NÉRÉIDES.

Mlles Angeline, Gosselin 2e, Matras, Nanine,
Pierret, Aulier.

AMPHITRITE.

Mlle ATHALIE.

DRIADES, TRYTONS.

ACTE TROISIEME.

THEBAINS.

MM. VESTRIS, ALBERT.

AMAZONES.

Mlles CLOTILDE, BIGOTTINI.

LES THÉBAINS DU Ier ACTE, ET LES AMAZONES DU IIe.

AMOURS.

Ballote, Foulon, George, Télémaque, Chatillon,
Fauqueux, Corby, Bertrand, Simon cadette,
Gosselin, Hutin, Petit, Didier, Tésard, Bozon,
Leblond.

HYMENS.

Julie Farci, Kaniel, Julie, Buron, Henry, Noblet, Raguaine, Roucelot, Vigneron, Cantin, Clotilde 2e, Brocard, Pierret cadette, Barré, Simon, Daguin.

PLAISIRS.

M. ANTONNIN, Mme GARDEL.

MM. Dejazet, Eve, Auguste, Beautin, Leblond, Courtois, Gogot, Brideron.

Mlles Eulalie, Bertin, Marianne, Coulon, Narcisse, Copère, Pansard, Barette.

PERSONNAGES CHANTANTS.

THÉBAINS, FAUNES, SATYRES ET TRITONS.

BASSES.	TAILLES.	HAUTES-CONTRES.
MM.	MM.	MM.
L'Hoste.	Martin.	Lefevre.
Lecoq.	Duchamp.	Cholet.
Devilliers.	Chevrier.	Leroy.
Leroy.	Nocart.	Gaubert.
Putheaux.	Beaugrand.	Fasquel.
Auber.	Laroy.	Gousse.
Gonthier.	Menard.	Lemaire.
F. Adrien.	Léger.	Dumas.
Picard.	César.	Courtin.
Nisy.	Murgeon.	
Houëbert.		
Chapelot.		
Prevost.		
Levasseur.		

AMAZONES, DRIADES, ORCADES, NÉRÉIDES.

Mmes	Mmes	Mmes
Gambais.	Mulot aînée.	Royer.
Hymm mère.	Mulot cadette.	Lefevre.

Mmes	Mmes	Mmes

Mmes	Mmes	Mmes
Bertrand.	Lorentziti.	Falcos.
Delboy aînée.	Lacombe.	Menard.
Florigny.	Percillée aînée.	Proche.
Mante mère.	Reine.	Gasser.
Chevrier.	Peltier.	Duvernet.
Valain.	Dubois.	A^{tte} Percilliée.
Beaumont-Lacknith.	Fasquel.	Lorotte.
Mazières.	Mantes fille.

PERSONNAGES.	ACTEURS.
ANTIOPE, reine des Amazones.	Mme BRANCHU.
ERIPHILE, jeune Amazone.	Mme ALBERT-HYMM.
AMPHION.	M. NOURIT.
ZETHUS, frère d'Amphion.	M. DERIVIS.
JUPITER.	M. BERTIN.
LICIDAS, chef Thébain.	M. DUPARC.
UNE AMAZONE, chef.	Mlle J. ARMAND.
Un Officier Thébain.	M. HENRARD.

LES AMAZONES.

ACTE PREMIER.

(Le théâtre représente la ville de Thèbes en construc-
tion; les monumens y sont encore entourés d'é-
chafaudages. On découvre dans le fond le détroit
de l'Euripe, qui sépare la Béotie de l'île d'Eubée.
Au lever du rideau, les Thébains travaillent, diver-
sement groupés.
Amphion, la lyre à la main, excite leur courage et
dirige leurs travaux.)

SCENE PREMIERE.

AMPHION, CHOEUR.

AMPHION.

A la voix d'Amphion, Thébains, prêtez l'oreille;
Fuyez les langueurs du repos,
Et, poursuivant le cours de vos nobles travaux,
Que votre ardeur à mes chants se réveille !

CHOEUR.

Travaillons;
Ecoutons.

2

AMPHION.

Divin pasteur de Thessalie,
Daigne seconder mes efforts,
Et renouvelle sur ces bords
Les prodiges de l'harmonie.
Si les murs de Laomédon
Attestent ta main immortelle,
J'ose, à ton exemple, Apollon,
Elever les remparts d'une Thèbe nouvelle.

CHOEUR.

De ses accents ô magique pouvoir !
Le marbre paraît se mouvoir,
Et par une force suprême
Monte et vient se placer lui-même
Au lieu qui doit le recevoir.

AMPHION.

« Et toi, Minerve bienfaisante, (*)
« A qui j'ai consacré ces lieux,
« Mère des arts, sur ta ville naissante
« Jette un regard du haut des cieux.

CHOEUR.

Travaillons ;
Ecoutons.

AMPHION.

Divin pasteur de Thessalie, etc.

(*) Les vers marqués d'un guillemet, dans le cours
de cet ouvrage, n'ont pas été mis en musique.

CHŒUR.

De ses accents ô magique pouvoir ! etc.

AMPHION.

Compagnons, c'est assez ; voici l'heure où mon frère
Vous appelle à des jeux, image de la guerre ;
Elève et favori de Mars,
Zethus en ces lieux va se rendre.
C'est peu de bâtir des remparts ;
Thébains, il faudra les défendre.
(*Les Thébains s'éloignent, et Zéthus entre
pendant la ritournelle.*)

SCENE II.

AMPHION, ZÉTHUS.

AMPHION.

Tu veux en vain, mon cher Zéthus,
Dérober à mes yeux ta profonde tristesse ;
Pour échapper à ma tendresse
Tes chagrins me sont trop connus.

ZÉTHUS.

Quels vœux pourrais-je faire ?

AMPHION.

Dois-je oublier jamais que le plus tendre amour
T'enchaînait dans des lieux que tu fuis sans retour ?

ZÉTHUS.

L'amitié m'appelait sur les pas de mon frère.
En tous lieux étrangers,

Sans parens, sans patrie,
Sur le mont Cythéron nourris par des bergers,
Auprès de toi l'amour eût partagé ma vie,
Que réclamèrent tes dangers.
Bientôt la renommée
Apprend qu'à ces mortels dans les forêts épars
Amphion enseignait les vertus et les arts :
D'un tyran l'âme est alarmée ;
L'inflexible Lycus
Te force loin de lui de chercher un asile;
L'amour se tait alors, et la triste Eryphile
Ne peut, en invoquant des nœuds que j'ai rompus,
Balancer Amphion dans le cœur de Zéthus.

A I R.

De l'amitié la sainte flamme
A l'amour impose la loi;
Le premier besoin de mon ame,
Mon frère, est de vivre pour toi.
Les dieux m'ont conservé mon frère ;
Mon espoir, mes vœux sont remplis,
Et tu me tiens lieu sur la terre
De tous les biens qu'ils m'ont ravis.

AMPHION.

Va, je sens tout le prix d'un pareil sacrifice;
Et, si mon cœur n'aveugle mes esprits,
Le tien bientôt en recevra le prix.

ZÉTHUS.

Non; je n'espere pas un destin plus propice;

Les Amazones sur ces bords
Dirigent leurs fougueux efforts ;
Déja de leurs vaisseaux cette mer est couverte ;
J'entrevois des malheurs que pour toi seul je crains ;
Entourés d'ennemis conspirant notre perte,
Sans secours, au milieu d'une plage déserte,
Que deviendront quelques Thébains
Descendus à ta voix du haut de leurs montagnes,
Réunis sans liens, et vivant sans compagnes ?

D U O.

A M P H I O N.

Dans l'avenir ne portons pas nos yeux.
Jupiter nous protège ;
Par une crainte sacrilège,
Nous pourrions offenser les dieux.

Z É T H U S.

Qu'ils protègent mon frere !
Qu'Amphion soit heureux !
C'est ma seule prière,
Le dernier de mes vœux.

A M P H I O N.

Aux enfans de Léda j'ai consacré ce temple,
Compte sur leur secours ;
Dès dieux lorsque tu suis l'exemple,
Ils doivent veiller sur tes jours.

Z É T H U S.

Ils ont proscrit les tiens.

AMPHION.

> Je leur dois ta tendresse.

ZÉTHUS.

Leur rigueur nous poursuit.

AMPHION.

> J'espère en leur promesse.

L'oracle nous prédit des jours moins malheureux.

ENSEMBLE.

Qu'Amphion }
Que Zéthus } soit heureux !

C'est ma seule prière,
Le dernier de mes vœux.

SCENE III.

LES MÊMES, CHOEUR DE THÉBAINS, *armés,*

CHOEUR.

Compagnons, que Zéthus appelle,
Accourons, écoutons sa voix ;
De l'honneur, à ses pas fidèle,
Il enseigne aux guerriers les lois ;
Méritons la palme nouvelle
Réservée aux brillants exploits.

AMPHION.

Amis, sur vous, sur vos destins,
J'ai consulté des oracles certains ;

Quand nous défendrons cette ville,
D'un essaim de beautés ces murs seront l'asile,
Et l'hymen comblera le bonheur des Thébains.

CHOEUR.

Sa voix, sa présence,
Charment nos douleurs;
La douce espérance
Rentre dans nos cœurs.

AMPHION.

De cet avenir plein de charmes
Sachez mériter la faveur.

ZÉTHUS.

Jeunes Thébains, prenez vos armes,
Et disputez le prix de la valeur.

CHOEUR.

Prenons, amis, prenons nos armes,
Et disputons le prix de la valeur.

AMPHION, *pendant les préparatifs.*

Amis, songez que la gloire
Est la compagne des amours.

ZÉTHUS.

Que le myrte fleurit toujours
Près du laurier de la victoire.

AMPHION.

Amante du dieu des hasards,
De crainte, d'espoir embellie,
Vénus par fois se réfugie

Sous les tentés de Mars.

(*Jeux guerriers.*)

AMPHION.

Quel bruit se fait entendre?

ZÉTHUS.

C'est Licidas.

AMPHION.

Que vient-il nous apprendre?

SCENE IV.

LES MÊMES, LICIDAS.

LICIDAS.

Infortunés Thébains, voilà donc notre sort!

CHOEUR.

Parle.

ZÉTHUS.

Qu'annonces-tu?

LICIDAS.

L'esclavage ou la mort.
Traversant le détroit dont les flots nous séparent,
Sur l'Euripe, couvert de leurs vaisseaux nombreux,
Les Amazones se préparent
A venir attaquer ces lieux.

CHOEUR.

Contre ces femmes invincibles,
Contre leurs phalanges terribles,

Quel dieu viendra nous secourir?

DEUXIEME CHŒUR.

Dans nos murs sans défense,
Quelle est notre espérance?

ZÉTHUS.

De combattre, de vaincre, ou de savoir mourir.

AMPHION.

FINAL.

J'admire ton courage;
Et nous suivrons l'avis que tu viens de donner.
Mais avant de braver l'orage
Essayons de le détourner.
Tandis que la voile captive
Arrête leurs vaisseaux et suspend leurs projets,
Qu'un de nous à l'instant vole sur l'autre rive,
Et porte aux ennemis des paroles de paix.

UN CORYPHÉE.

Ces féroces guerrières
Sèment par-tout l'effroi;
Qui pourrait affronter leurs fureurs meurtrières;
Qui de nous s'exposera?

AMPHION ET ZÉTHUS.

Moi!

AMPHION.

Le péril est extrême,
Je ne puis le nier;
Mais je réclame pour moi-même
L'honneur d'y courir le premier.

ZÉTHUS.

Le péril est extrême.
Mon frère est votre chef, je ne suis qu'un guerrier;
Thébains, à cet honneur suprême
Je dois prétendre le premier.

CHOEUR.

O ciel! qu'osez-vous entreprendre?
A la mort vous allez courir.

AMPHION, *à Zéthus.*

Zéthus à mes vœux doit se rendre.

CHOEUR.

O ciel! qu'allez-vous entreprendre?

ZÉTHUS.

Amphion, laisse-moi partir.

AMPHION.

Je n'y puis consentir.

CHOEUR.

A la mort vous allez courir.

ZÉTHUS.

Un peuple entier par ma bouche t'implore.

AMPHION.

Je partirai, je le répète encore.

CHOEUR, *à Amphion.*

Sans toi qu'allons-nous devenir?

ZÉTHUS.

Quand un même espoir nous rassemble,
Pourquoi d'inutiles débats?
Nés pour vivre et mourir ensemble,

Ne nous séparons pas.

ENSEMBLE.

Le même desir nous rassemble,
Pourquoi d'inutiles débats?
Nés pour vivre et mourir ensemble,
Ne nous séparons pas.

CHOEUR.

Sur cette terre ennemie
Laissez-nous suivre vos pas.

ZÉTHUS ET AMPHION.

Nous reverrons notre patrie :
Pour la défendre armez vos bras.

CHOEUR.

Ah! ne nous abandonnez pas;
En vous nous voyons la patrie.

ZÉTHUS ET AMPHION.

Nous agissons pour vous.

CHOEUR.

N'exposez pas une si chère vie,
Nous vous supplions à genoux.

AMPHION.

Amis, rassurez-vous.
De Licidas en notre absence
Suivez les ordres absolus :
Thébains, votre salut est dans l'obéissance ;
Souvenez-vous du sort des enfans de Cadmus.
Nous vous quittons, nous allons entreprendre
D'éloigner des dangers trop sûrs;

Jurez, si nous mourons, de venger notre cendre ;
Jurez de défendre ces murs.

ZÉTHUS, AMPHION ET LE CHOEUR.

Nous le jurons }
Vous le jurez } par la déesse
Que l'on adore dans ces lieux.
Pallas reçoit notre }
Pallas reçoit votre } promesse,
Et vos sermens }
Et nos sermens } sont écrits dans les cieux.

LE CHOEUR.

Que le dieu des batailles,
Attaquant ces murailles,
S'arme lui-même contre nous ;
Avant que de nous rendre,
Sur leurs débris en cendre
Oui, nous périrons tous.

AMPHION ET ZÉTHUS.

Dût le dieu des batailles,
Attaquant ces murailles,
S'armer lui-même contre vous,
Sur leurs débris en cendre,
Avant que de vous rendre,
Mourez et vengez-nous.

FIN DU PREMIER ACTE.

ACTE II.

(Le théâtre représente le camp des Amazones dans
l'isle d'Eubée. Il est assis sur le bord de l'Euripe,
au milieu des bois et des rochers. A dróite, on voit
la statue colossale de Diane.
On découvre la ville de Thèbes dans le lointain. Le
rivage des Amazones est couvert de vaisseaux prêts
à mettre à la voile. — Cette décoration doit donner
l'idée du site le plus sauvage et le plus conforme
aux mœurs des femmes qui l'habitent.)

SCENE PREMIERE.

ÉRIPHILE, AMAZONES.

AMAZONES.

Accourez, filles indomtables,
  Les chemins sont ouverts ;
Que vos boucliers redoutables
  Résonnent dans les airs.
Accourez, les vents favorables
  Ont soulevé les mers.

ÉRIPHILE, *à part.*

Quels cris épouvantables !
Quels horribles concerts !
(*Les Amazones exécutent des évolutions
et des pas militaires.*)

SCENE II.

LES MÊMES, ANTIOPE.

ANTIOPE.

Vous dont la fureur et la haine
Partagent mon juste courroux,
Amazones, préparez-vous
A suivre votre souveraine.
Près des bords que nous habitons,
Ces monstres que nous détestons,
Des hommes ont osé se choisir un asile.
Vous la découvrez cette ville
Dont l'aspect odieux offense vos regards.

AIR.

Attaquons-la de toutes parts ;
Portons-y le fer et la flamme :
Des Thébains que la race infame
Disparaisse sous leurs remparts.
Cithéron, que ma haine atteste,
Antiope te reverra !
Et sa vengeance descendra
Du haut de ton sommet funeste.

CHOEUR.

Frappons Thèbes de toutes parts ;
Portons-y le fer et la flamme :
Des Thébains que la race infame
Disparaisse sous leurs remparts.

ÉRIPHILE, *à part.*	ANTIOPE, *à part.*
Cachons le trouble de mon ame ;	La terreur agite son ame,
Il se trahit dans mes regards.	Elle se peint dans ses regards.

ANTIOPE.

Approchez, Eriphile ;
Avant de quitter cet asile
Où Diane respire un encens immortel,
Attestez la déesse,
Et, confirmant une sainte promesse,
Répétez avec nous le serment solemnel.

ÉRIPHILE, *à part, s'avançant avec Antiope au
pied de la statue.*

Dieux puissants, de mon cœur soutenez la faiblesse !

ANTIOPE ; ÉRIPHILE ET LE CHOEUR, *répètent après elle.*

Diane, reçois nos sermens :
J'abjure, à tes regards sévères,
L'amour et ses honteux tourmens :
Je brise tous ces nœuds vulgaires
D'époux, de frères, de parens.
Divine protectrice,
Soutiens nos efforts généreux :
Et, si quelque Amazone osait trahir ses vœux,

Qu'à l'instant même elle périsse.

CHOEUR.

Oui, si quelque Amazone osait trahir ses vœux,
Qu'à l'instant même elle périsse.

ÉRIPHILE, *à part.*

La terreur sur mon front fait dresser mes cheveux;
A-t-on prononcé mon supplice?

ANTIOPE.

Profitons des secours qu'Éole nous promet;
Il est tems de quitter cette île;
Allez tout préparer pour ce noble projet.

(*Les Amazones sortent.*)

ÉRIPHILE, *à part, à Antiope.*

Daignez un seul moment écouter Eriphile.

SCENE III.

ANTIOPE, ERIPHILE.

ÉRIPHILE.

AIR.

Reine, vous connoissez l'excès de mon malheur;
De l'amour le plus pur victime infortunée,
Par un perfide abandonnée,
Je viens cacher ici ma honte et ma douleur.
De vos terribles lois, qui vengent mon injure,
J'ai subi la rigueur;

A de sauvages lois, dont frémit la nature,
    J'ai su forcer mon cœur.
Je connais la rigueur du destin qui me lie;
    Par-tout je dois suivre vos pas;
    *Mais dans le sein de ma patrie.
Quand vous allez porter la guerre et le trépas,
Souffrez que sur ces bords je ne vous suive pas.

ANTIOPE.

Qu'espérez-vous?

ÉRIPHILE.

    J'ai banni de mon ame
    Une honteuse flamme,
J'ai juré de punir l'auteur de mes tourmens :
    J'obéirai sans peine,
    Et, fidele à ma haine,
    Je tiendrai mes sermens.
    Mais aux rives de Béotie
    Eriphile a reçu le jour,
    Et sur cette terre chérie
    A ceux de qui je tiens la vie
    Je garde un souvenir d'amour.
D'un père à qui ma fuite a coûté tant de larmes
    Irai-je creuser le tombeau?
    Parmi les flambeaux et les armes
    Irai-je semer les alarmes
    Dans les lieux où fut mon berceau?

ANTIOPE.

Tes destins sont fixés, par-tout il faut nous suivre;

C'est parmi noùs que tu dois vivre,
Et ta seule patrie est au milieu des camps.
Etouffe dans ton cœur ces lâches mouvemens
Qu'Antiope ne peut connaître;
Va, loin de partager ta honteuse douleur,
C'est dans les lieux qui m'ont vu naître
Que je brûle en secret de porter ma fureur.

ÉRIPHILE.

Dans votre ame magnanime
J'ai surpris quelquefois des sentimens plus doux.

ANTIOPE.

Non; de mon immortel courroux
La cause est trop légitime.

ÉRIPHILE;

De nos communs ennemis
Quel est donc le forfait dont l'horreur vous sépare?

ANTIOPE.

Au crime affreux qu'ils ont commis
Je mesure les maux que mon cœur leur prépare,
Et c'est d'eux-mêmes que j'appris
A devenir barbare.

AIR.

Auprès d'un trône où je dus aspirer,
Fille des rois, à la pudeur fidelle,
Et dédaignant une flamme mortelle,
A mon bonheur tout semblait conspirer.
Le dieu qui lance le tonnerre,
Sous qui tremblent les cieux et s'abaisse la terre,

Brillant de gloire et de splendeur,
Jupiter parut lui-même :
A son hommage suprême
Je ne pus dérober mon cœur.
Superbe amante et mère fortunée,
Dans un mystérieux séjour
Deux gages précieux d'un auguste hyménée
Croissaient sous mes regards et m'enivraient d'amour.
Mais de l'asile tutélaire
Une clarté funeste a percé le mystère !
Qu'entends-je...? Quels cris menaçans...!
Arrête... monstre sanguinaire...
Ce sont mes fils...! Vœux impuissans...
Je cesse d'être mère,
Sur le mont Cithéron, par ordre de mon père,
On immole mes deux enfans.
De mes chagrins tu sais la cause.

DUO.

ÉRIPHILE.

« De vos chagrins l'horrible cause
« Doit en excuser les effets.

ANTIOPE.

« A mon cœur la nature impose
« Les outrages que je lui fais.

ÉRIPHILE.

« Je partage vos maux.

ANTIOPE.

« Partage ma furie.

ÉRIPHILE.

« Je pleure vos enfans.

ANTIOPE.

Laisse-la ta pitié !
« Contre une race impie
« Sers ma juste furie,
« Mon implacable inimitié.

ENSEMBLE.

« Du ⎱ souvenir ⎰ de ton ⎱ outrage
« Le ⎰   ⎱ de mon ⎰

« Enflamme ⎰ mon ⎱ cœur irrité.
           ⎱ ton ⎰

« Libre du plus vil ⎱ esclavage,
« Mais libre d'un vil ⎰

« Sois fière de ta ⎱ liberté.
« Je gémis de ma ⎰

SCENE IV.

LES MÊMES, UNE AMAZONE.

UNE AMAZONE.

Deux envoyés de Thèbe ont touché ce rivage ;
Ils se sont présentés l'olivier à la main.
Qu'ordonnez-vous ?

ANTIOPE.

Qu'ils soient désarmés, et soudain
Devant moi qu'on les amène.

ÉRIPHILE, *à part.*

Quel trouble s'élève en mon sein!
D'où vient que je respire à peine?

ANTIOPE.

Des lieux où je commande ils osent approcher!
C'est la mort qu'ils viennent chercher.

SCENE V.

LES MÊMES, AMPHION, ZETHUS, AMAZONES.

ANTIOPE, *aux Thébains.*

Répondez, quel motif, à ma haine propice,
Dans Eubée aujourd'hui vous amène à mes yeux?

ÉRIPHILE.

Que vois-je, ô ciel!... lui... Zéthus en ces lieux!
(*Antiope a surpris le mouvement d'Ériphile, qui
se dérobe aux yeux de Zéthus parmi ses compagnes.*)

AMPHION.

Reine, sous la garde des dieux
Nous venons réclamer la paix et la justice.

ANTIOPE.

La justice! ah! de nous vous allez l'obtenir:
Elle-même a dicté le sort qu'on vous réserve.
Vous vous parez en vain du rameau de Minerve,
Et vos soumissions ne peuvent m'attendrir.

AMAZONES.

Armons nos cœurs d'un courage implacable,

Et punissons leur audace coupable.

AMPHION.

Avant d'entendre par ta voix
Le sort qu'ici tu nous destines,
Reine d'un peuple d'héroïnes,
Devant toi du malheur j'ose invoquer les droits.
Que t'ont fait les Thébains ? ont-ils par quelque offense
Irrité ta colere, appelé ta vengeance ?
Quelques mortels obscurs, sortis du fond des bois,
A peine réunis sous l'empire des lois,
Peuvent-ils te porter ombrage ?
Proscrits et vertueux sur ce bord étranger,
Quand d'un tyran cruel la haine nous exile,
Les dieux nous doivent un asile,
Et vous devez nous protéger.

AMAZONES.

Quels accens ! quel noble langage !

AIR.

AMPHION.

Ah ! si par d'autres ennemis
Les Thébains étaient poursuivis,
Loin d'eux pour repousser l'orage
C'est encore à votre courage
Qu'ils auraient recours aujourd'hui.
Ne trompez pas leur confiance.
Amazones, votre vaillance
Contre vous-même est notre appui.

AMAZONES.

Dieux, quel prodige !

A quel prestige
A-t-il recours?
Sa voix captive
L'ame attentive
A ses discours.

ANTIOPE.

Par de lâches détours
En vain tu prétends me surprendre;
Apprends de moi ce que tu dois attendre.
Pour vous et votre peuple il n'est que deux partis:
Esclaves, soyez soumis,
Ou soldats, sachez vous défendre.

AMPHION.

Eh quoi...!

ANTIOPE.

Je ne veux rien entendre.

ZÉTHUS, *à Amphion*.

Cesse de supplier d'indignes ennemis.

ÉRIPHILE.

Il va se perdre, ô ciel!

AMAZONES.

Ta coupable insolence
Aura sa récompense.

ANTIOPE, *aux Amazones*.

Venez, et suivez-moi dans le sacré parvis.
Sur le sort des captifs consultons la déesse.
    (*à part*.)
Je prétends éclaircir un soupçon qui me presse.

(*à Eriphile.*)

Tandis que nous irons des augures divins
Interroger la voix dans le céleste asile,
    A la garde de ces Thébains
      Je commets Eriphile.

(*En prononçant ce dernier vers, Antiope regarde
Zéthus.*)

ZÉTHUS.

    Eriphile....! qu'ai-je entendu?

ANTIOPE, *à part.*

C'est lui !

AMPHION, *à Zéthus.*

Crains les transports de ton cœur éperdu.

ENSEMBLE.

AMAZONES.	ANTIOPE.
Point de pitié, point de clémence,	D'une coupable intelligence
Ne songeons plus qu'à leurs forfaits;	J'ai découvert les nœuds secrets;
Le souvenir de notre offense	Observons-les dans le silence,
A rallumé notre vengeance :	Et confondons dans la vengeance
Pour ses plaisirs nos cœurs sont faits·	Les cœurs unis par les forfaits.

AMPHION, *à Zéthus.*	ZÉTHUS, ÉRIPHILE.
D'une fatale intelligence	L'effroi, le trouble, l'espérance,
Crains de trahir le nœud secret;	Trahit mon cœur et mon secret;
Contrains ton cœur en leur présence;	Contraignons-nous en leur présence;
Dans le séjour de la vengeance	Dans le séjour de la vengeance
La pitié seule est un forfait.	La pitié seule est un forfait.

(*Les Amazones sortent, et la reine indique par
un jeu muet qu'elle veille sur les personnages
qui restent.*)

SCENE VI.

AMPHION, ZETHUS, ERIPHILE.

ZÉTHUS.

Eriphile, est-ce vous? Sur le bord de l'abîme
Je vous retrouverais?

ÉRIPHILE.

Oui, tu vois ta victime,
Celle qui mit en toi son espoir, son bonheur,
Qui vécut pour t'aimer; celle enfin que ton cœur,
Par la plus noire perfidie,
Pour prix de tant d'amour a lâchement trahie.

AMPHION.

Ah ! ne l'accuse pas : Zéthus est innocent :
Jamais il n'a cessé d'adorer Eriphile.
D'un frère infortuné, que l'injustice exile,
Il partagea le sort, et fuit en gémissant.

ZÉTHUS.

En quittant le rivage,
Témoin de nos tendres amours,
J'emportai ton image,
Mon cœur la conserva toujours.

ÉRIPHILE.

En quittant le rivage,
Témoin de nos tendres amours,
Au malheur, à l'outrage,

Zéthus a condamné mes jours.

AMPHION.

Vos maux sont mon ouvrage;
Mais pour en terminer le cours,
Sur ce triste rivage
Un Dieu l'amène à ton secours.

ÉRIPHILE, *à Zéthus.*

Mon ame te fut asservie !

AMPHION, *à Eriphile.*

Sa douleur doit te désarmer.

ÉRIPHILE, *à Zéthus.*

Je t'avais consacré ma vie.

ZÉTHUS.

Je vis encore pour t'aimer.

ÉRIPHILE, *à Zéthus.*

Dois-je te croire ? hélas !

ZÉTHUS.

De ma flamme immortelle
Peux-tu méconnaître l'ardeur.

ZÉTHUS, AMPHION.

Eriphile, rend $\left\{\begin{array}{l} \text{lui} \\ \text{moi} \end{array}\right\}$ ton cœur.

ÉRIPHILE, *avec abandon.*

Va ! je fus malheureuse et non pas infidelle.

ENSEMBLE.

Avec transport je te revoi.

TRIO.

ÉRIPHILE, AMPHION.	ZÉTHUS.
A ta promesse,	Douce promesse
Dans son ivresse,	De sa tendresse,
Mon ⎱ cœur s'empresse	Avec ivresse
Son ⎰	Je te reçoi.
D'ajouter foi.	

A mon destin je me livre,
Heureuse ⎱
Heureux ⎰ avec toi de vivre,
Ou de mourir avec toi.

ÉRIPHILE.

En prenant une affreuse chaine,
Je crus obéir à la haine,
Je cédais encore à l'amour.

ENSEMBLE.

A ta promesse, etc.

AMPHION.

Nos moments sont comptés, sachons en faire usage.
La nef qui nous porta sur ce fatal rivage
Nous offre un utile secours;
Venez, c'est là qu'il faut nous rendre.

ZÉTHUS.

Dois-je exposer tes jours?

ÉRIPHILE.

Des tiens ils vont dépendre.

AMPHION.

Evitons l'aspect odieux
De nos féroces ennemies.

ÉRIPHILE.

Dérobons-nous à ces furies.

ZÉTHUS.

J'expose des jours précieux !

ENSEMBLE.

Fuyons sous la garde des dieux.

SCENE VII.

LES MÊMES, ANTIOPE, AMAZONES.

ANTIOPE.

Arrêtez.

ZÉTHUS, AMPHION, ÉRIPHILE.

Céleste justice !

ANTIOPE, *à Eriphile.*

C'est donc ainsi que tu tiens tes sermens.
De l'auteur de tes maux tu deviens la complice ;
Vous périrez tous trois.

AMPHION, ZÉTHUS, ÉRIPHILE.

Que la mort nous unisse !

ANTIOPE.

Diane attend de moi leurs justes châtimens.

AMAZONES.

Que nos lois outragées
A l'instant soient vengées.

ANTIOPE, *à Amphion.*

Toi, des remparts thébains illustre fondateur,
Sur ce roc escarpé, d'où l'œil au loin domine,
De tes murs élevés par un art imposteur
    Tu vas contempler la ruine.
Eriphile suivra son lâche séducteur ;
Zéthus doit à Diane être offert en victime ;

   (*à Eriphile.*)

Et dans Thèbes fumante, expiant ton erreur,
Ta main doit l'immoler pour expier ton crime.

ÉRIPHILE.

Plutôt mourir cent fois.

ANTIOPE.

         Partons, qu'on les sépare.

ZÉTHUS.

Eriphile...! mon frère...

AMPHION.

        O funestes adieux !

ÉRIPHILE.

Reine injuste et barbare !

ANTIOPE.

Amazones, qu'on les sépare.

AMAZONES.

Séparons-les.

ZÉTHUS.

Injustes Dieux !

LES AMAZONES, *en s'embarquant après avoir*
enchaîné Amphion au pied de la statue.

Partons, Bellone nous appelle,
Elançons-nous sur nos vaisseaux ;
Que notre haine immortelle
Pour une race cruelle
Traverse avec nous les flots.

AMPHION.

Quel spectacle ! ô douleur mortelle !
Je te suis en vain sur les eaux,
Mon frère, en vain je t'appelle ;
Hélas ! ma voix infidèle
Va se perdre sur les flots.

SCENE VIII.

AMPHION.

FINAL.

C'en est donc fait ; le sort a comblé ma misère ;
Mais seul en ces horribles lieux,
Abandonné de la nature entière,
Je suis encore en présence des Dieux.
« O toi, des immortels le plus grand, le plus juste,
« Recours de l'innocence, appui des malheureux,

« J'ose apporter mes humbles vœux
« Au pied de ton trône auguste.
« De quels transports je me sens agité :
          « Au fond de mon ame
          « Une céleste flamme
« Atteste la divinité !
          « J'en crois cet augure.
          « Soumise à ma voix,
          « Pour moi la nature
          « Interrompt ses lois.
          « La terre alarmée
          « A paru frémir,
          « Et l'onde enflammée
          « Semble au loin gémir.

AIR.

Vierge timide, humble et tendre prière
De l'homme infortuné, céleste messagère,
          Volez au séjour radieux :
          Que vos accens fidéles,
          Jusques aux voûtes éternelles,
Prolongent mes soupirs en sons mélodieux.

SATYRES ET FAUNES.

(*Satyres.*)

Sortons de nos antres sauvages,
(*Faunes.*)

Quittons nos rians pâturages,
D'Amphion les accens ont enchanté ces lieux.

AMPHION.

Le calme naît ; de l'espérance
Le rayon vient frapper mes yeux.
De Jupiter ô divine assistance,
    La voix de l'innocence
A fléchi le maître des Dieux.

DRIADES, ORCADES.

(*Driades.*)
Quittons nos forêts, nos campagnes,
    (*Orcades.*)
Sortons du sein de nos montagnes,
D'Amphion les accens ont enchanté ces lieux.

AMPHION.

Vierge timide, humble et tendre prière
De l'homme infortuné ; céleste messagère,
    Vous unissez la terre aux cieux.

NYMPHES DE LA MER.

Sortons de nos grottes profondes,
Quittons l'humide champ des ondes.

AMPHION.

Que vos accens fidèles,
Jusques aux voûtes éternelles,
Prolongent mes soupirs en sons mélodieux.

(*Les trois divinités de l'air, Iris, l'Aurore et
Phœbé, paraissent sur des nuages.*)

CHOEUR GÉNÉRAL.

Sortons de nos grottes profondes,
Quittons l'humide champ des ondes,

D'Amphion les accens ont enchanté ces lieux.

AMPHION.

Du sein de la plaine azurée,
Vous qui prêtez l'oreille à mes concerts,
Tendres filles du vieux Nérée,
Guidez-moi sur les vastes mers.

NÉRÉIDES.

Suis-nous, les filles de Nérée
Vont te guider au sein des mers.

AMPHION.

Adieu, rivages solitaires,
Où le sort enchaîna mes pas ;
Adieu : sur les traces d'un frère
Je vais chercher la gloire ou le trépas.

CHOEUR GÉNÉRAL DES DIVINITÉS.

Sa voix dissipe les nuages,
Elle écarte au loin les orages,
Appaise les vents et les flots,
Et du Zéphyr la seule haleine,
Caressant la liquide plaine,
Des airs interrompt le repos.

FIN DU SECOND ACTE.

4

ACTE III.

(Le théâtre représente une portion achevée de la
ville de Thèbes, sur le bord de l'Euripe. Sur la
gauche, vers le troisième plan, on voit le péristile
du temple de Castor et Pollux; et au bas, sur un
piédestal, le groupe des enfans de Léda. Les vaisseaux des Amazones couvrent le détroit.)

SCENE PREMIERE.

LICIDAS, THÉBAINS.

THÉBAINS, *fuyant en désordre.*

C'est Pallas elle-même...!

DEUXIEME CHOEUR DE THÉBAINS, *entrant.*

O terreur! ô disgrace!

LICIDAS.

Guerriers, où courez-vous? quelle terreur vous glace?
Zéthus, par mes mains délivré,
Signale sa valeur brûlante;
Déja son bras désespéré
Dans les rangs ennemis a jeté l'épouvante.

SCENE II.

LES MÊMES, ZETHUS.

ZÉTHUS.

Je combats avec vous, venez et suivez-moi !
Que la gloire à ma voix se réveille en vos ames :
Ne fuyez pas devant des femmes,
Et rougissez de ce honteux effroi.

ZÉTHUS, LICIDAS, THÉBAINS.

La victoire nous est ravie,
Mais nous triompherons du sort;
Rien ne peut nous sauver la vie,
Illustrons du moins notre mort.

UN OFFICIER THÉBAIN, *entrant sur la scene.*

Des phalanges nouvelles
Inondent nos remparts,
Et, la flamme à la main, ces guerrières cruelles
S'avancent de toutes parts.
J'ai cru voir Amphion jetté sur ce rivage,
Dans les rangs ennemis se frayant un passage.

ZÉTHUS.

Amphion !... juste ciel !... je vole à son secours...

CHŒUR.

Nous voulons partager le trépas où tu cours.
Marchons...
(*il rassemble les Thébains, et va pour sortir avec*
cux.)

SCENE III.

LES MÊMES, ANTIOPE, AMPHION,
ERIPHILE, AMAZONES.

*(Les Amazones inondent en quelque sorte la
scene, et les vaisseaux qui s'approchent en sont
couverts : une partie tiennent en main des
torches ardentes.)*

ZÉTHUS.

C'est lui-même...! mon frère!

ANTIOPE.

Si tu fais un seul pas, il expire à tes yeux.
*(quelques Amazones tiennent leur javelot sur le
sein d'Amphion enchaîné.)*

ZÉTHUS.

O rage sanguinaire!

AMPHION, *à Zéthus.*

Accours; n'hésite pas.

ANTIOPE.

Tout ce peuple odieux
Va payer de sa vie un conseil téméraire.

ZÉTHUS.

Me promets-tu d'épargner les vaincus?
De sauver Eriphile? et, sous ta loi barbare,
Quel que soit en ce jour le sort qu'on nous prépare,
De ne point séparer Amphion et Zéthus?

ANTIOPE.

Par Jupiter, je le jure!

ZÉTHUS.

Amis, c'en est assez; je vous rends vos sermens.
(*il jette son sabre et son bouclier, et se précipite
dans les bras de son frère au milieu des
Amazones.*)
Cher Amphion, dans nos embrassemens
Du destin oublions l'injure.

AMAZONES.

Que l'univers avec terreur
S'entretienne de notre gloire;
De la plus illustre victoire
Ce jour nous assure l'honneur.

ANTIOPE.

Nous triomphons, et le dieu des batailles
Nous a livré nos ennemis;
Ils ont osé défendre leurs murailles,
Ils sont vaincus, qu'ils soient punis.
Un éternel esclavage
De ces guerriers obscurs doit être le partage;
Je réserve à leurs chefs un plus illustre sort;
Amphion et Zéthus ont mérité la mort.

AMAZONES.

Amphion et Zéthus ont mérité la mort.

ANTIOPE, *à Eriphile.*

Et toi, dont l'indigne tendresse
D'une Amazone a pu souiller le nom,
Eriphile, de ta faiblesse
Tu peux encor mériter le pardon;
(*elle lui présente un arc.*)

Saisis cet arc d'une main raffermie,
Et que Zéthus expire sous tes coups.

ÉRIPHILE.

Je ne m'en servirais que pour t'ôter la vie.

ZÉTHUS, *à Eriphile*.

Sauve tes jours en m'arrachant la vie.

ÉRIPHILE.

Non, je dois mourir avec vous.

ANTIOPE.

Le trépas à ce prix te semblerait trop doux.
Des enfans de Léda je reconnais le temple;
Ces murs sacrés que je contemple
Réveillent ma fureur, égarent mes esprits;
De Jupiter vengez les fils.
Amazones, qu'on les immole!

(*Les Amazones se pressent autour de Zéthus et
d'Amphion, qui vont se placer auprès du
temple, dans l'attitude du groupe de Castor
et de Pollux.*)

ZÉTHUS, *à Amphion*.

Je meurs entre tes bras; cet espoir me console;
Mais Eriphile...!

ÉRIPHILE.

Va, je ne crains que pour toi,
Et, malgré leur fureur, je dispose de moi.

(*Les Amazones vont se placer par groupes à
quelque distance, tirent des flèches de leurs*

carquois, et paraissent, en écoutant Amphion,
oublier leur projet homicide.)

AMPHION.

Le ciel, ami de notre enfance,
Nous donna le même berceau;
Il comble enfin notre espérance;
Nous aurons le même tombeau.

ENSEMBLE.

AMAZONES.	ANTIOPE.
De nos cœurs inflexibles	Quels charmes invincibles
Soutenons la fureur;	Remplacent mes fureurs?
Montrons-nous insensibles	De mes yeux insensibles
A ces chants de douleur.	Je sens couler des pleurs.

AMPHION.

Au moment d'expirer, que ma voix se ranime;
Jupiter, que ton nom sublime
Remplisse la terre et les cieux!

ANTIOPE, *avec exaltation.*

Jupiter, que ton nom sublime
Remplisse la terre et les cieux?

AMPHION.

Vers toi mon ame triomphante
A pris son vol audacieux;
Et les derniers accens de ma lyre mourante
Sont dignes du maître des Dieux.

AMAZONES.

(*Amazones, avec une expression affaiblie.*)
De nos cœurs inflexibles
Rappelons les fureurs.

ANTIOPE.

Quoi! mes yeux insensibles
Sont noyés dans les pleurs!

ZÉTHUS.

Bergers, dont l'amitié tendre
Nous tint lieu de parens à nos vœux inconnus,
Venez recueillir la cendre
D'Amphion et de Zéthus.

ANTIOPE.

Par un trouble secret que je ne puis comprendre
Tous mes sens sont agités.

AMAZONES.

Frappons.

ÉRIPHILE,

Zéthus!

AMPHION, ZÉTHUS.

O mon frère!

ANTIOPE, *courant à eux.*

(*aux Amazones.*)

Arrêtez.

(*à Amphion.*)

Vous ignorez à qui vous devez la lumière?

AMPHION.

Le ciel nous envia les doux soins d'une mère.

ANTIOPE.

Sur quels bords, en quels lieux
S'écoula votre enfance?

ZÉTHUS.

Sur le mont Cytheron.

ANTIOPE.

Grands Dieux !

Il se pourrait... O divine espérance !

Pourquoi quitter l'asile où vous fûtes nourris ?

AMPHION.

Nous fuyions de Lycus l'implacable vengeance.

ANTIOPE.

De mon père...! O destin ! me rendez-vous mes fils ?

ZÉTHUS, AMPHION.

Qu'entends-je ?

ÉRIPHILE.

Vous seriez...

ANTIOPE.

Leur mère ;

J'en crois mon cœur et le ciel qui m'éclaire.

CHOEUR D'AMAZONES *du second acte.*

Souvenez-vous de vos sermens ;

Libres des nœuds vulgaires,

Dans nos enfans,

Dans nos époux, et dans nos frères,

Nous punissons tous nos tyrans.

Qu'ils périssent !

(*Elles vont pour lâcher leurs flèches; Antiope et
Eriphile se jettent au-devant, et garantissent
Amphion et Zéthus.*)

ANTIOPE.

AIR.

Non, cruelles,
Vous n'accomplirez pas ce forfait odieux;
Non, vos mains criminelles
Ne se baigneront pas dans le sang de nos dieux.
Aux cris douloureux d'une mère,
Laissez fléchir votre colère;
Ce sont mes fils que je défends!
Jugez de mes tourmens, que votre cœur ignore,
Votre reine, Antiope, à genoux vous implore;
Rendez-moi mes enfans.

AMAZONES.

Qu'ils périssent!

ANTIOPE.

Eh bien! frappez donc votre reine;
Seule, je défendrai leurs jours.

ZÉTHUS, AMPHION.

O divine bonté!

JEUNES AMAZONES; *elles passent du côté de la reine.*

De notre souveraine
Nous défendons les jours.

AMAZONES.

La résistance est vaine,
De notre juste haine
Rien ne peut arrêter le cours.

AMPHION, ZÉTHUS, THÉBAINS, AMAZONES.

Brisez, brisez nos chaînes.

Brisons, brisons leurs chaînes.

ANTIOPE, ZÉTHUS, *à la tête des Thébains et de quelques Amazones.*

Braves guerrières, suivez-nous.

AMAZONES.

Perfides, tombez sous nos coups.

(*Au moment où les deux partis vont en venir aux mains, le ciel s'obscurcit, le tonnerre gronde, et des nuages épais enveloppent les combattans.*)

CHOEUR GÉNÉRAL.

Quel bruit épouvantable
Trouble la paix des airs !
Quelle nuit effroyable
S'étend sur l'univers !

AMPHION.

Reconnaissez d'un Dieu la majesté suprême ;
Mortels, prosternez-vous, c'est Jupiter lui-même.

SCENE IV.

LES MÊMES; JUPITER, *porté sur les nuages.*

JUPITER.

« Amazones, peuple thébain,
« Relevez vers le ciel vos têtes prosternées ;
« De l'Olympe le souverain
« Vient lui-même fixer vos belles destinées.
Vos enfans, Antiope, à vos vœux sont rendus ;
J'atteste en ce moment leur naissance divine :

Mais à l'univers leurs vertus
Ont déja révélé leur céleste origine.
Héroïnes, guerriers, à ma voix réunis,
    Abjurez vos haines cruelles ;
    Par des promesses solennelles
Consacrez aujourd'hui l'empire de mes fils.
« Amphion de ces murs doit fonder la puissance ;
    « Secondez ses heureux travaux ;
    « De la beauté, de la vaillance,
« Dans le sein de la paix formez les nœuds si beaux,
    « Et que cette grande alliance
    « Annonce au monde un peuple de héros.
    Dans cette Thèbes fortunée,
Que protège à jamais l'objet de mon amour,
    Jupiter élève en ce jour
    Le premier temple à l'hyménée.

(*Jupiter disparaît, et les nuages en se dissi-*
   pant laissent voir le temple de l'Hymen dans
   toute sa pompe.)

CHOEUR GÉNÉRAL.

    Du destin qui nous est offert
    Conservons la mémoire,
    Et méritons la gloire
    Que nous promet Jupiter.

QUATUOR.

ANTIOPE.

Je retrouve mes fils ! jour à jamais prospère !

AMPHION, ZÉTHUS.

Quel bonheur nous attend dans les bras d'une mère !

ANTIOPE.

Contre mon cœur je presse mes enfans.

AMPHION ET ZÉTHUS.

Antiope...! ma mère!
Eriphile...! mon frère!

ENSEMBLE.

Que de maux oubliés dans nos embrassemens!

Sur votre cœur vous pressez vos ⎞
Contre mon cœur je presse mes ⎠ enfans.

D'un bien acquis par tant de larmes,
Goûtons la divine faveur;
Embellissons notre bonheur
Du souvenir de nos alarmes.

ANTIOPE, *à Zéthus.*

Mon fils, la nature en ce jour
En recouvrant ses droits connaît ceux de l'amour.
(*elle lui présente la main d'Eriphile.*)

ZÉTHUS, *à Eriphile.*

Zéthus te consacre sa vie.

ÉRIPHILE, *à Zéthus.*

Tu lis dans mon ame ravie.

ENSEMBLE.

O doux embrassemens!
Contre mon cœur je presse mes ⎞
Sur votre cœur vous pressez vos ⎠ enfans.

ENSEMBLE, *avec le chœur.*

D'un bien acquis par tant de larmes,

Goûtons ⎱ la divine faveur ;
Goûtez ⎰

Du souvenir de ⎰ nos ⎱ allarmes
⎱ vos ⎰

Embellissons nôtre ⎱ bonheur.
Embellissez votre ⎰

ANTIOPE.

(*Elle conduit Zéthus et Eriphile à celui des au-*
tels qui se trouve au milieu du temple.)

A l'autel d'Hyménée,
Par une chaîne fortunée,
Unissez-vous, tendres amans ;
Et vous, mes compagnes fidèles,
Imitez ces charmans modèles,
Allez répéter leurs sermens.

CHOEUR.

Imitons ces charmans modèles,
Allons répéter leurs sermens.

(*Les différens couples de Thébains et d'Ama-*
zones s'approchent des autres autels distribués
autour de l'autel principal. D'autres groupes
forment des danses dont l'objet doit être de
montrer la fierté des Amazones désarmée par
l'Amour et par les plaisirs.)

AMPHION *prend sa lyre, et détermine par ses*
chants celles qui balancent encore.

HYMNE.

« Que des rives où naît l'aurore

« Zéphire exhale les odeurs ;

« Que la nature se décore

« De ses plus riantes couleurs !

« Vénus sort de l'humide plaine ;

« Le monde, à l'aspect de sa reine,

« Elève un temple à la beauté ;

« Mortels, partagez mon délire,

« Apollon m'a prêté sa lyre ;

    « Je chante la volupté.

THÉBAINS. *Ils détachent les cuirasses des Amazones, qu'ils remplacent par des ceintures de fleurs.*

Pourquoi, dans les alarmes,

Chercher de périlleux honneurs ;

Amazones, vos charmes,

Libres du poids des armes,

Seront plus sûrs d'être vainqueurs.

      AMAZONES.

Libres du poids des armes,

Cherchons loin des alarmes

Des succès plus flatteurs.

THÉBAINS, *aux genoux des Amazones.*

A tant de graces, tant de charmes,

Qu'il est doux de rendre les armes !

THÉBAINS, *remplaçant les casques des Amazones par des couronnes de myrte.*

Partagez avec les héros

La gloire qui vous est si chère ;

Réservez à nos fronts le laurier de Délos,

   Gardez le myrte de Cythère.

AMAZONES.

Cédons le laurier de Délos,

Gardons le myrte de Cythère.

CHOEUR FINAL.

Au sein de la félicité,

Amans heureux qu'hymen engage,

Recevez le prix du courage

   Des mains de la beauté.

(Fête générale.)

FIN.